Développez votre analyse des cartes

LES 22 ARCANES MAJEURS

Le chapeau
La baguette
L'écu
Le couteau
Le Graal
La table
I
B·P·GRIMAUD·PARIS
LE · BATELEUR

Les voiles du mystère
II
La tiare à trois niveaux
B·P·GRIMAUD·PARIS
La clé
Le livre
Le sceptre
LA · PAPESSE
III
B·P·GRIMAUD·PARIS
Les cheveux longs
L'aigle
La position assise
L'IMPÉRATRICE

Le sceptre
La couronne et la barbe
IIII
B·P·GRIMAUD·PARIS
Le trône
La croix à trois branches
La tiare
Les colonnes
L'EMPEREUR
V
B·P·GRIMAUD·PARIS
La position debout avec le pied prêt à s'élancer
Le mundra de bénédiction
Les deux pélerins
LE · PAPE

Cupidon
VI
B·P·GRIMAUD·PARIS
L'AMOVREVX
Les deux femmes
L'homme
entre les deux
La couronne
VII
B·P·GRIMAUD·PARIS
S.M
LE CHARIOT
L'armure
Les roues
L'attelage

Le glaive
VIII
Le regard de face
B·P·GRIMAUD·PARIS
La balance
LA · JUSTICE
La lanterne
La barbe
VIIII
B·P·GRIMAUD·PARIS
Le bâton
Le manteau et
le capuchon
L'HERMITE

L'animal
La roue
La coiffe en forme de huit couché
Le lion
L'animal
X
LA·ROUE·DE·FORTUNE
B·P·GRIMAUD·PARIS
XI
LA FORCE
B·P·GRIMAUD·PARIS

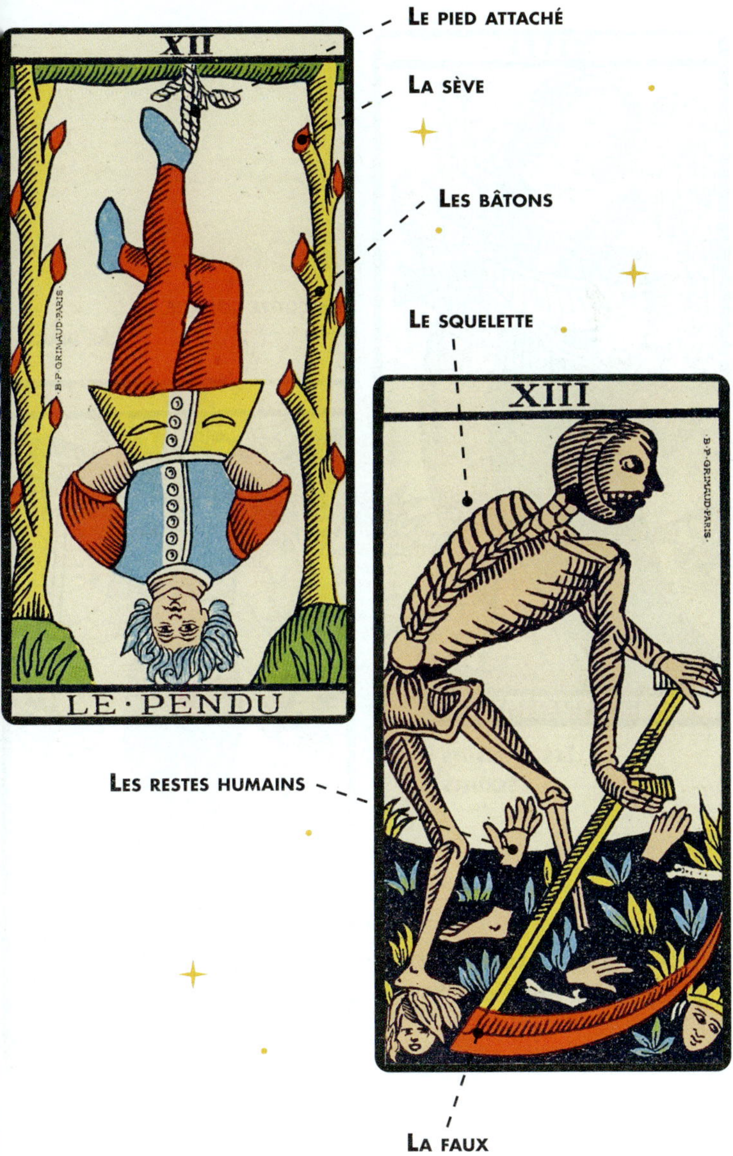
Le pied attaché
La sève
Les bâtons
Le squelette
XII
LE · PENDU
B·P·GRIMAUD·PARIS
XIII
B·P·GRIMAUD·PARIS
Les restes humains
La faux

L'ange
Les deux vases
XIIII
TEMPERANCE
·B·P·GRIMAUD·PARIS·
La coiffe cornue
Le diable
XV
Les attributs sexuels
Les deux diablotins
LE · DIABLE
·B·P·GRIMAUD·PARIS·

La tour décapitée
XVI
Le feu
Les personnages
LA·MAISON·DIEV
L'étoile
XVII
B·P·GRIMAUD·PARIS
L'arbre et l'oiseau
La nudité
Les cruches
L'ETOILE

La lune
Le visage de profil
Les chiens
L'écrevisse
Le soleil
Les gouttes de pluie
Les enfants
XVIII
LA·LUNE
XVIIII
LE·SOLEIL

XX
LE · JUGEMENT
B·P·GRIMAUD·PARIS
L'ange séraphin
Le personnage de dos
Les quatres figures
XXI
LE · MONDE
B·P·GRIMAUD·PARIS
La jeune femme nue
La couronne de lauriers

Le baluchon
Le bâton
Le chien
B·P·GRIMAUD·PARIS
LE · MAT

(1) 09/05 → 19h05

	3	1	2	4
T145	7	2	5	21
	chariot	Papesse	Pape	m°

REJOIGNEZ NOTRE COMMUNAUTÉ DE LECTEURS !

Inscrivez-vous à notre newsletter et recevez des informations sur nos parutions, nos événements, nos jeux-concours… et des cadeaux !

Rendez-vous ici : **bit.ly/newsletterleduc**
Retrouvez-nous sur notre site **www.editionsleduc.com** et sur les réseaux sociaux.

Leduc s'engage pour une fabrication écoresponsable !

« Des livres pour mieux vivre », c'est la devise de notre maison. Et vivre mieux, c'est vivre en impactant positivement le monde qui nous entoure ! C'est pourquoi nous avons fait le choix de l'écoresponsabilité. Pour en savoir plus, rendez-vous sur notre site.

Le contenu de cet ouvrage poche est la reprise partielle du livre grand format du même titre, paru en 2021.

Conseil éditorial : Stéphanie Honoré
Édition : Céline de Quéral
Relecture : Emmanuelle Pavan, Nathalie Reyss et Audrey Peuportier
Maquette : Laurie Baum
(adapté du travail d'Elise Bonhomme)
Design de couverture : Antartik
Image de couverture : Marie Ollier
Cartes : jeu de tarot à enseignes italiennes, dit «Marseille», édité par B.P.Grimaud, 1930 ;
source : gallica.bnf.fr/Bibliothèque nationale de France

10 place des Cinq-Martyrs-du-Lycée-Buffon
75015 – Paris, France
ISBN : 979-10-285-2426-5
ISSN : 2425-4355

C'EST MALIN

NATHAËLH RÉMY

JE TIRE LES CARTES DU TAROT DE MARSEILLE

LEDUC ÉSO

SOMMAIRE

INTRODUCTION

UN TAROT DE MARSEILLE EST FORCÉMENT...

- Un jeu de cartes comportant 78 cartes, 22 arcanes majeurs et 56 arcanes mineurs segmentés en quatre familles – les bâtons, les coupes, les épées et les deniers. Chaque série d'arcanes mineurs comporte 14 cartes numérotées de 1 à 10 auxquelles s'ajoutent valet, cavalier, reine et roi. Dans le livre que vous tenez entre vos mains, seules les lames majeures sont détaillées. Elles sont tellement riches de précisions que beaucoup d'initiés les utilisent sans les mineures.

- Un jeu de cartes respectant des règles picturales précises pour les arcanes majeurs avec l'utilisation de sept couleurs, les noms des arcanes numérotés de I à XXI en chiffres romains comme au Moyen Âge et un symbolisme bien précis. Le Mat, qui ne porte pas de numéro (bien que certains lui attribuent le 0 ou le 22), représente l'infini.

LE SYMBOLISME DES CHIFFRES

Ainsi que nous l'avons précédemment souligné, les 22 cartes (ou lames) majeures du tarot de Marseille sont numérotées de I à XXI, en chiffres romains. Le Mat, lui, n'a pas de numéro.

Dans la numérologie traditionnelle, les nombres pairs représentent l'élément masculin, les impairs, le féminin. Voici quelques notions de numérologie afin de mieux comprendre son importance dans le tarot de Marseille.

① **En numérologie :** le commencement, l'ego, l'autonomie. **Dans le tarot :** le changement, une initiation, l'autodidaxie.

② **En numérologie :** l'union, la dualité, la complémentarité. **Dans le tarot :** l'énergie mère, les secrets, le silence.

③ **En numérologie :** la concrétisation, la communication, la volonté. **Dans le tarot :** la féminité, la diplomatie, l'intelligence créative.

④ **En numérologie :** le cube, la lenteur, la terre. **Dans le tarot :** le travail, la stabilité, le plan terrestre.

⑤ **En numérologie :** le changement, la liberté, l'instabilité. **Dans le tarot :** la sagesse, la connaissance à travers la spiritualité, la bienveillance.

⑥ **En numérologie :** les responsabilités, les contraintes, le contrôle. **Dans le tarot :** le choix, la convivialité, les transitions.

⑦ **En numérologie :** l'intellect, le calme, la recherche. **Dans le tarot :** la combativité, la victoire, l'éphémère.

⑧ **En numérologie :** l'argent, le pouvoir, les conflits. **Dans le tarot :** l'honnêteté, l'équilibre, la rigueur.

⑨ **En numérologie :** l'altruisme, l'émotivité, les grands idéaux. **Dans le tarot :** l'accomplissement, la fin d'un cycle, l'acquis des expériences.

Tous les tarots ne peuvent prétendre être un tarot de Marseille. La première version, à la fois originale et respectueuse du symbolisme, est celle de l'occultiste américano-britannique Arthur Edward Waite, le tarot Rider-Waite, en vente pour la première fois en 1910.

Depuis les années 1980, une créativité inspirante impacte le tarot et brouille les pistes entre les « vrais » tarots et les « simples inspirations » – d'autant que le nom tarot n'est pas une marque déposée. Cela perdure encore à ce jour, avec des thématiques plus précises au gré des modes : le tarot des chats, le tarot des fées, le tarot des anges, le tarot des sorcières, le tarot des druides, le tarot de *Game of Thrones*... Il en existe de très nombreux. Il est sage d'être très vigilant quant à la symbolique des lames, car il peut s'agir d'un oracle et non d'un tarot, même si ce mot est inscrit sur la boîte. Citons par exemple, le cas du tarot Minchiate (40 atouts), du tarot de Mantegna (50 estampes) ou encore du tarot persan (55 cartes). Le nombre de cartes vous mettra sur la voie, et surtout les symboles de chaque lame majeure et mineure. Bien entendu, un jeu peut vous appeler par son esthétisme, mais vous devez juste savoir qu'il peut ne pas répondre aux codes symboliques traditionnels dont il est question dans cet ouvrage.

LES QUESTIONS LES PLUS COURANTES SUR LE TAROT DE MARSEILLE

Voici rassemblées les questions les plus fréquentes que l'on peut se poser avant de se lancer dans le grand bain du tarot de Marseille.

Comment bien choisir son jeu ?

Il existe une quantité infinie de jeux de tarot de Marseille. Alors comment faire pour ne pas se tromper lors de votre choix ? Selon ma façon de voir les choses et mon interprétation de ce tarot, il est primordial de reconnaître la symbolique des cartes. Par exemple, la Mort symbolise la transformation et la libération (à travers la faux), mais aussi le dépouillement (le squelette balaie devant sa porte pour préparer son avenir). Il est donc évident de retrouver sur votre arcane : la faux, le squelette et les restes humains (qui symbolisent la vie, le recommencement). La position du mort est aussi importante... Le crâne regarde vers la droite, vers l'avenir, et non pas vers la gauche, vers le passé (puisqu'il s'en libère). Même remarque pour la position du Mat qui va toujours de l'avant : son regard est toujours vers la droite, vers demain, et non pas vers la gauche, hier. La Papesse, elle, fixe un point vers la gauche, elle scrute son passé, fruit de ses connaissances, de ses acquis.

Comment activer son jeu ?

Les « jeux » sont imprimés en série par des machines, puis passent de main en main : mise sous enveloppe protectrice en Cellophane, rangement dans la boîte, expédition, mise en rayon... À travers ces nombreuses étapes, avant d'arriver entre vos mains, le jeu s'imprègne d'une quantité d'énergies diverses. Je conseille donc de vous l'approprier et de fusionner avec lui. Pour cela, déshabillez-le respectueusement, puis tenez-le entre vos mains pour lui communiquer votre énergie vibratoire pendant quelques instants. Prenez tout le temps nécessaire, même quelques jours si vous en ressentez le besoin. Ensuite, lorsque vous êtes prêt, prenez les lames du jeu l'une après l'autre.

- Soufflez sur chacune d'elles.
- Passez-les une à une au-dessus de la fumée d'encens – pontifical ou benjoin –, de feuilles

de sauge ou au-dessus de la flamme d'une bougie.

- Exposez le jeu en lune montante, ou à la pleine lune, derrière une fenêtre, les volets ou les rideaux ouverts. Autre solution, ressourcez-le dans une géode d'améthyste, sur une fleur de vie, ou sur un antahkarana pour ceux qui travaillent avec l'énergie du reiki.
- Ce rituel de bienvenue vous permet de faire connaissance avec votre nouveau jeu, mais aussi de le régénérer de temps à autre. Si vous tirez les cartes à votre entourage, purifiez votre jeu après chaque consultation en le passant au-dessus de la fumée d'encens et la flamme d'une bougie trois fois de suite.
- Confectionnez-lui sa boîte réceptacle avec des symboles en accord avec le travail que vous ferez. Une pochette de soie est aussi un bon choix.

Est-ce que je peux prêter mon jeu ?

Le jeu de tarot est personnel et ne se prête pas. Lors d'une consultation, le consultant choisit les cartes à analyser. S'il est sous le coup d'une vive émotion, il est sage de tirer les cartes à sa place, avant de les analyser.

Combien de jeux puis-je avoir ?

Le choix du jeu est déterminant pour l'interprétation. Les différentes lames doivent être reconnues au premier regard, ainsi que leur symbolique. Je conseille l'utilisation de deux tarots pour une consultation en voyance. Personnellement, je dédie un jeu à chaque activité prévue : deux jeux pour les séances avec mes consultants, un pour le développement personnel, un pour le bien-être... Deux autres jeux très intimes, lorsque j'ai besoin personnellement des conseils du tarot. Un est dédié à l'écriture sur le tarot. Il est sage et je recommande vivement de tenir un carnet avec les dates de vos tirages, vos ressentis et vos interprétations, afin de « vérifier » et de perfectionner votre connaissance du tarot.

Quand consulter un professionnel ?

Le jour de votre anniversaire ou de votre saint sont les moments les plus propices. Le premier jour de l'année est aussi très favorable, ainsi que les jours de tradition, selon les croyances de chacun. Pour choisir un professionnel, fiez-vous au bouche-à-oreille et aux recommandations de vos amis.

Puis-je tirer les cartes à quelqu'un sans être un professionnel ?

Une fois que vous maniez bien le jeu et ses interprétations, vous pouvez tout à fait prévoir des séances pour vos amis ou pour vos proches. Petit conseil pratique : évitez de consommer un repas trop lourd et arrosé d'alcool juste avant la consultation. Méfiez-vous aussi de l'odeur du tabac, qui peut indisposer le consultant. Avant de commencer, détendez-vous et installez votre plan de travail selon votre personnalité : nappe blanche, violette, dorée, ornée d'étoiles, d'anges ou unie ; allumez une bougie, parfumez l'atmosphère avec un encens léger ou une huile essentielle. Lavez vos mains à l'eau fraîche avant de toucher votre support de travail. Instaurez aussi un rituel de préparation à la consultation : recentrez-vous à l'aide d'une méditation, d'une prière, d'une protection matérielle (un bijou consacré à cet instant, une pierre, un objet quelconque...) réservée(s) à vos consultations, ou d'une présence qui vous est chère. Le consultant se place obligatoirement face à vous et sans témoin... Vous lisez et interprétez les cartes sans vous laisser manipuler ou dépasser par les paroles ou les questions du consultant, soit parce qu'il veut vous faire dire ce qu'il souhaite entendre, soit parce qu'il connaît le tarot et ne l'interprète pas de la même façon. Une consultation se déroule dans le calme ou avec un fond de musique douce et relaxante, si cela ne dérange personne. À la fin de la séance, passez votre jeu au-dessus de la fumée d'encens ou de la flamme d'une bougie trois fois de suite, à l'abri du regard du consultant, puis fermez le jeu en retournant la dernière lame sur le dessus du paquet. Rangez-le.

Est-ce qu'il faut couper et choisir les cartes de la main gauche ?

C'est préférable, car la main est celle de l'intuition, celle dont on ne maîtrise pas les mouvements quand on est droitier. À l'inverse, un gaucher coupera de la main droite.

Quelle question poser ?

Pour utiliser le tarot comme outil de conseil, il est important de bien poser sa question afin d'obtenir une réponse claire. Quelques règles à respecter :

- poser une seule question à la fois ;

- être précis dans sa demande ;
- poser une question concrète, constructive et ouverte : « Qu'est-ce que je peux obtenir avec cette proposition ? », « Qu'est-ce que cette situation va m'apporter ? », « Cette relation avec untel est-elle bénéfique pour moi ? » ;
- ne pas reposer la même question (en espérant une réponse différente).

J'ai tiré une carte à l'envers : est-ce que cela compte pour l'interprétation ?

Vous pouvez remettre la carte à l'endroit, tout simplement, et commencer votre interprétation. Je vous rappelle que le tarot est un livre d'enseignement et de sagesse... et les pages d'un livre se lisent dans un seul sens ! Les cartes dites de voisinage (qui encadre une lame) nuancent suffisamment celle qui est interprétée.

Une carte est « tombée » du paquet, est-ce que je dois en tenir compte ?

Oui, c'est une carte qui indique les blocages réels du consultant, ce dont il ne parle pas ou dont il ne veut pas parler. Cette carte donne beaucoup de renseignements.

Existe-t-il des cartes négatives ?

Le Diable, la Mort... Certains arcanes (ou lames) ont mauvaise réputation, mais cela fait partie des mythes. Il n'y a pas de cartes négatives au tarot. Chacune a un pôle positif et un pôle négatif. Il est important de bien intégrer cette dualité des lames pour affiner leur interprétation à travers vos ressentis. La lame donne une indication qui se trouve nuancée par les cartes qui l'entourent, car ce sont elles qui en donnent le sens.

Quel conseil donner à un débutant ?

Seule la pratique fera la différence ! Tirez une carte par jour pour sentir l'énergie de la journée. Inscrivez ce qu'elle vous inspire dans votre carnet. Familiarisez-vous petit à petit avec votre jeu. Faites-vous confiance !

1

LES 22 LAMES MAJEURES

Le Bateleur

Un nouveau départ

Nombre : 1

Son chapeau, en forme de huit couché, est la représentation mathématique de l'infini.

La baguette représente les bâtons des lames mineures.

L'écu évoque les deniers des lames mineures.

Le couteau symbolise les épées des lames mineures.

Le Graal désigne les coupes des lames mineures.

La table à trois pieds représente l'inachevé.

› **Mots-clés :** commencement, début

› **Positif :** libre arbitre, potentiel, commencement

› **Négatif :** maladresse, imprudence, manque d'expérience

Sphère professionnelle

Le Bateleur est un apprenti. Cette carte peut annoncer l'aide de l'entourage proche. Pour une personne sans activité, le Bateleur représente une nouvelle opportunité, voire une formation. Pour une personne en activité, le Bateleur laisse espérer une promotion ou un avantage.

Sphère financière

Le Bateleur fait circuler l'argent, au point d'oublier de faire des économies. Le Bateleur l'apprendra à ses dépens avec le temps et en tirera une leçon.

Sphère affective

Le Bateleur annonce des rencontres. Pour une personne célibataire, il est le signe d'une nouvelle histoire ou d'une belle amitié. Pour une personne en couple, le Bateleur invite à briser la routine en ajoutant gaieté et fantaisie dans le quotidien ! Dans sa vie sociale, le Bateleur est amené à élargir ses relations et son cercle d'amis.

Côté santé

Le Bateleur assure une bonne vitalité physique et mentale. Sur le plan anatomique, il représente le mental, les bras et les mains... en pleine action !

Obstacle à venir

Il est un présage de discorde par manque de diplomatie ou de maladresse.

PETITE ANECDOTE

Le Bateleur évoque un « magicien » sachant divertir. Il voit tout, il sait tout. Il représente le fou du roi, qui divertit, manipule ou conseille... en toute innocence.

La Papesse

Les secrets bien gardés

Nombre : 2

Les **voiles du mystère** représentent ceux du mystère des philosophies et les secrets de la vie.

La tiare à trois niveaux évoque le physique, l'émotionnel et l'astral.

La clé, cachée sous son manteau, représente l'accès aux annales akashiques : la bibliothèque universelle contenant les archives des civilisations passées sur la Terre et ailleurs dans l'Univers.

Le livre sur ses genoux dévoile les secrets de l'Univers et de la connaissance.

- **Mots-clés :** mystère, secret
- **Positif :** connaissance, mystère, intuition
- **Négatif :** patience, mensonge, secret

Sphère professionnelle

La Papesse invite à la patience. Pour une personne sans activité, les recherches d'emploi peuvent être décourageantes. Il est peut-être temps de songer à une reconversion. Pour une personne en activité, la situation évolue, mais très lentement.

Sphère financière

La Papesse est très économe. Son entourage la qualifie de pingre.

Sphère affective

La Papesse traduit une solitude de cœur. Pour une personne célibataire, la Papesse confirme le manque de contacts. Pour une personne en couple, la Papesse traduit des sentiments profonds, mais non exprimés, voire un adultère ou des liaisons secrètes. Dans sa vie sociale, la Papesse, entourée de voiles, se love dans son manteau, tel un cocon, et se cache des autres.

Côté santé

La Papesse pointe une fragilité du système urogénital, voire une grossesse possible.

Obstacle à venir

Elle signale des choses cachées, des mensonges, un adultère, des trahisons, voire une grossesse surprise.

PETITE ANECDOTE

La Papesse fait référence à un personnage légendaire, la papesse Jeanne. En effet, au Moyen Âge, une rumeur prétendait qu'au IXe siècle, une femme vêtue d'habits d'homme, s'était fait élire pape à Rome… Une supercherie qui aurait été découverte au moment de… son accouchement, en pleine procession. Cela lui coûta la vie, car la malheureuse fut battue à mort.

L'Impératrice

La beauté innée

Nombre : 3

Le sceptre montre la réussite de toutes ses actions.

Ses cheveux longs symbolisent un atout de beauté.

L'aigle sur le bouclier traduit sa force et sa volonté.

Sa position assise traduit son assurance.

- **Mots-clés :** féminité, séduction
- **Positif :** intelligence, communication, médiation
- **Négatif :** inconstance, manipulation, indifférence

Sphère professionnelle

L'Impératrice évoque une promotion, une évolution de carrière. Pour une personne sans activité, elle indique une proposition intéressante, valorisante et gratifiante. Pour une personne en activité, l'Impératrice apporte la perspective de trouver l'harmonie sur un poste, ou d'obtenir un poste convoité.

Sphère financière

L'Impératrice se sait en sécurité, elle dépense en qualité et non en quantité. Elle apprécie les produits griffés.

Sphère affective

L'Impératrice est irrésistible. Pour une personne célibataire, elle souligne une belle rencontre. Pour une personne en couple, elle rassure sur une complicité mutuelle. Bonheur et harmonie règnent au sein du couple. Dans sa vie sociale, l'Impératrice attire les autres et elle élargit ses relations sociales et amicales. Elle sait jouer de son charme, mais reste superficielle. Elle agit le plus souvent pour son intérêt personnel.

Côté santé

L'Impératrice assure d'une bonne vitalité. Sur le plan anatomique, elle représente la capsule rénale, parfois signe de surmenage physique ou intellectuel, voire de possibles insomnies.

Obstacle à venir

Elle accumule ses émotions et, en cas de grand stress, elle peut être très surmenée.

PETITE ANECDOTE

L'Impératrice attend l'opportunité pour obtenir le statut tant convoité. Elle reste néanmoins une femme à poigne qui soutient et porte son conjoint avec toute son énergie féminine. L'amour peut naître en son cœur avec le temps, à moins qu'elle ne soit déjà très amoureuse. Elle est toujours distinguée, souriante et courtoise.

→

Derrière chaque grand homme se cache une femme… car comme aux échecs, la reine protège son roi afin de ne pas être elle-même détrônée. Elle peut être assimilée iconographiquement à Aliénor d'Aquitaine, Marie-Antoinette, Marie Curie, Lady Diana, Michelle Obama…

L'Empereur

Une main de fer dans un gant de velours

Nombre : 4

Le sceptre confirme l'amour du commandement.

La couronne et la barbe symbolisent une maîtrise totale et une sagesse innée.

Le trône assure une position sociale stable et rassurante.

La position debout avec le pied prêt à s'élancer dénote une rapidité dans l'action et une grande prévoyance.

- **Mots-clés :** commandement, stabilité
- **Positif :** volonté, réalisme, concrétisation
- **Négatif :** despotisme, entêtement, intransigeance

Sphère professionnelle

L'Empereur rassure et stabilise. Pour une personne sans activité, cette carte promet une réussite dans les démarches avec une réponse positive. Pour une personne en activité, l'Empereur assure une bonne assise professionnelle. De nouvelles responsabilités sont à prévoir, comme un poste de management, la création d'une entreprise ou d'une microentreprise.

Sphère financière

Grâce à sa parfaite gestion du budget, l'Empereur est à l'abri des coups durs financiers.

Sphère affective

L'Empereur reste froid malgré la profondeur de ses sentiments. Pour une personne célibataire, l'Empereur traduit une rencontre sérieuse. Pour une personne en couple, l'Empereur assure une union solide et des sentiments profonds. Dans sa vie sociale, c'est un meneur qui s'entoure de personnes fiables et discrètes, et au mental de battant. Il méprise la faiblesse, mais reste toujours d'un excellent soutien.

Côté santé

L'Empereur souligne une bonne vitalité générale. Sur le plan anatomique, il représente le cou et la nuque (avec risques d'arthrose, de torticolis, de douleurs cervicales...). Épicurien, il invite à une surveillance du système cardio-vasculaire et de l'embonpoint.

Obstacle à venir

L'Empereur avertit d'un ennemi tenace.

PETITE ANECDOTE

L'Empereur, dans son énergie, représente Jules César ou Napoléon Bonaparte. Deux hommes aux grandes ambitions qui se donnent tous les moyens pour y parvenir. Une fois au pouvoir, l'Empereur sait être juste et bon, à moins que le pouvoir ne lui monte à la tête...

Le Pape

Un éclaireur altruiste

Nombre : 5

La tiare représente le triple pouvoir du pape.

La croix à trois branches manifeste son pouvoir sur les trois mondes (spirituel, terrestre et matériel).

Les colonnes affirment une stabilité éternelle.

Le mundra de bénédiction évoque la transmission de la connaissance.

Les deux pèlerins symbolisent l'un la voix passive et l'autre la voix active.

- **Mots-clés :** savoir, réconciliation
- **Positif :** protection, transmission, sagesse
- **Négatif :** dogmatisme, séparation, discorde

Sphère professionnelle

Le Pape est porteur d'accords. Pour une personne sans activité, il annonce une proposition débouchant sur une concrétisation de projet ou contrat. Pour une personne en activité, le Pape assure protection et sécurité professionnelle.

Sphère financière

Le Pape fait face aux éventuelles difficultés par sa prévoyance et sa sagesse.

Sphère affective

Le Pape est signe de réconciliation. Pour une personne célibataire, le Pape annonce une belle rencontre pleine de complicité et de douceur. Pour une personne en couple, le Pape promet la paix et l'harmonie dans le couple. Dans sa vie sociale, le Pape est très apprécié par sa discrétion et son écoute réconfortante. Il est toujours de bon conseil, il attire les âmes en détresse.

Côté santé

Le Pape préconise une visite chez son médecin ou son thérapeute. Il invite à la vigilance concernant des problèmes liés à l'âge : perte de mémoire, insuffisance cardiaque, cholestérol...

Obstacle à venir

Le Pape adoucit les difficultés pressenties, quel que soit le domaine dans lequel elles apparaissent.

PETITE ANECDOTE

Proche de l'iconographie de saint Nicolas (qui a inspiré le père Noël), le Pape est un personnage extrêmement bienveillant. Chaleureux, généreux, il porte aussi l'énergie d'icônes tels Bouddha, Noé et son arche accueillant tous les animaux pour sauver le monde, saint François d'Assise, précurseur de la rencontre islamo-chrétienne avec le sultan Al-Malik al-Kâmil, Martin Luther King Jr, Nelson Mandela...

L'Amoureux

Le choix s'impose

Nombre : 6

Cupidon inspire amour ou dédain.

L'homme, entre les deux, représente le choix ou une double relation.

Les deux femmes symbolisent l'une la vertu, l'autre le vice.

- **Mots-clés :** choix, parallèle
- **Positif :** harmonie, équilibre, festivités
- **Négatif :** doute, éparpillement, tromperie

Sphère professionnelle

Incapable de prendre de décisions, l'Amoureux est plus un technicien. Pour une personne sans activité, des missions de courte durée ou peu enthousiasmantes. Pour une personne en activité, soit l'Amoureux courbe l'échine face à ses supérieurs, soit il a une double activité. À moins que le temps de se remettre en question sur sa voie professionnelle ne soit arrivé. Cette carte sonne aussi une pause introspective sur la branche professionnelle actuelle, en cas de lassitude ressentie : Où en est-on ? Que veut-on ? Pourquoi rester ? Dans quel intérêt partir ?

Sphère financière

L'Amoureux vit de ses envies sans contrôler son compte en banque ! Lois d'abondance ? Ou sagesse ? Que choisir ? Ah ! Là est l'éternelle question, l'Amoureux !

Sphère affective

L'Amoureux laisse la vie décider pour lui bien souvent. Pour une personne célibataire, il pointe une solitude. Aimant rendre service et ne sachant dire « non », l'Amoureux succombe aux relations sans lendemain. Pour une personne en couple, l'Amoureux a le sens des valeurs du cœur. Il reste sage tant qu'il se sent bien accompagné, mais s'il fait une rencontre, elle pourrait être consommée. Dans sa vie sociale, l'Amoureux reste discret, voire effacé. Il s'adapte à ses interlocuteurs et reste sans opinion. Sa timidité est un handicap pour communiquer avec les autres.

Côté santé

D'une sensibilité exacerbée, l'Amoureux somatise souvent. Il souligne une vigilance du système circulatoire. Il peut être bègue.

Obstacle à venir

L'Amoureux, par son manque de confiance en lui et soucieux de faire plaisir, peut se retrouver en fâcheuse posture.

PETITE ANECDOTE

La carte de l'Amoureux est un ressort narratif important dans le James Bond sorti en 1973, *Vivre et laisser mourir*, avec Roger Moore. En effet, Solitaire (incarnée par Jane Seymour), la voyante personnelle de Kananga, peut librement exercer ses talents tant qu'elle reste vierge, comme la Pythie de Delphes. Lors de sa rencontre avec James Bond, la carte de l'Amoureux sort. La belle voyante va succomber au charme de l'agent secret qui l'a séduite, entre autres, en lui proposant d'utiliser un jeu de tarot… entièrement composé de cartes de l'Amoureux !

Le Chariot

En route vers la victoire

Nombre : 7

Sa couronne symbolise la victoire.

L'armure apporte une protection.

Les roues permettent le changement et la mobilité.

L'attelage offre deux directions, vers le mal ou vers le bien.

- **Mots-clés :** victoire, déplacement
- **Positif :** volonté, indépendance, succès
- **Négatif :** imprudence, danger, perte de contrôle

Sphère professionnelle

Le Chariot confirme les démarches vers l'autonomie : une création ou encore l'ouverture d'une franchise. Pour une personne sans activité, le Chariot signifie une proposition valorisante, mais il faut prouver sa motivation et ses compétences. Pour une personne en activité, une liberté d'action, une promotion ou des déplacements sont à prévoir.

Sphère financière

Le Chariot traduit un équilibre financier, voire une rentrée d'argent.

Sphère affective

Le Chariot est un fougueux. Pour une personne célibataire, le Chariot indique une nouvelle rencontre sans lendemain, au cours d'un petit voyage. Pour une personne en couple, le Chariot assure le bonheur dans la sincérité, tant qu'il ne s'ennuie pas. Dans sa vie sociale, le Chariot sait élargir ses relations dans l'intérêt de progresser.

Côté santé

Le Chariot traduit une excellente résistance physique et morale.

Obstacle à venir

Le Chariot présage la victoire sur des difficultés, quel que soit le domaine dans lequel elles se présentent, grâce à son courage et à l'apprentissage de la patience.

PETITE ANECDOTE

Que peuvent bien signifier les lettres S et M au centre du char… Sa Majesté, saint Marc, spiritualité et matérialité, soufre et mercure… Ce sont peut-être simplement les initiales d'un maître graveur ou d'un cartier… Le Chariot représente aussi les chars du cirque romain, où un seul combattant ressort victorieux après bon nombre d'épreuves à affronter – une allégorie des différents combats que l'on aura à mener au cours de sa vie.

La Justice

Rigueur et discipline avant tout

Nombre : 8

Premier arcane avec le regard de face, droit dans les yeux : un moment important se présente.

Le glaive représente la libération des pensées, la destruction physique.

La balance symbolise les fautes commises et les châtiments encourus.

- › **Mots-clés :** rigueur, administration
- › **Positif :** responsabilité, équilibre, intégrité
- › **Négatif :** injustice, partialité, désordre

Sphère professionnelle

La Justice confirme les signatures. Pour les personnes sans activité, la Justice est porteuse d'entretien d'embauche, suivi d'une signature. Pour les personnes en activité, la Justice protège les employés modèles, loyaux et consciencieux. Elle avertit d'une sanction, voire d'un licenciement pour les autres. Elle confirme une rupture conventionnelle, un départ anticipé pour d'autres cas.

Sphère financière

La Justice, grâce une gestion rigoureuse, fait face aux difficultés financières, si elles se présentent.

Sphère affective

La Justice est à double tranchant. Pour une personne célibataire, la Justice signale une solitude liée à son attitude peu chaleureuse. Une nouvelle rencontre est envisageable, avec un début instable, mais possible. Pour une personne en couple et selon l'ambiance actuelle :

soit légalisation de son union (Pacs, mariage...), soit séparation, ou divorce. Dans sa vie sociale, la Justice s'attache aux personnes stables et franches. Elle compte ses amis sur les doigts d'une main.

Côté santé

La Justice préserve sa vitalité physique et morale grâce à la discipline de son hygiène de vie à toute épreuve.

Obstacle à venir

La Justice avertit souvent d'une procédure, des démarches administratives agaçantes, voire des « dettes » envers l'État : amendes, taxes diverses, impôts...

PETITE ANECDOTE

Regardez bien la carte... Le manteau touche le sol au niveau des pieds.

→

Cette traîne évoque les tenues des reines ou encore des mariées le jour de leurs noces, voire le logo des hommes de loi (notaires, avocats...).

L'Hermite

Un chercheur de vérité

Nombre : 9

La barbe symbolise l'expérience et la sagesse.

La lanterne évoque la réincarnation et la présence de Dieu.

Le bâton, arme magique, connecte aux forces telluriques.

Le manteau et le capuchon rendent invisible aux yeux de l'entourage.

- › **Mots-clés :** isolement volontaire, introspection
- › **Positif :** sagesse, expérience, maturité
- › **Négatif :** solitude, lenteur, méfiance

Sphère professionnelle

L'Hermite invite à une introspection. Pour une personne sans activité, la patience est recommandée. Une formation peut être utile à une réinsertion professionnelle, voire une validation des acquis. Pour une personne en activité, l'insatisfaction et la lassitude accentuent la sensation de blocage. Il est toutefois conseillé d'attendre avant d'agir.

Sphère financière

L'Hermite présage des restrictions, une baisse des revenus. La situation s'avère très délicate et la prudence est de mise.

Sphère affective

L'Hermite s'épanouit dans la solitude. Pour une personne célibataire, l'Hermite souligne un moment de célibat volontaire et bénéfique. Pour une personne en couple, il est signe d'une incompréhension mutuelle et d'un manque de communication. L'Hermite vit dans l'introspection et la spiritualité, il n'a pas de vie sociale. Il assume pleinement sa façon de vivre, puisqu'il est heureux ainsi.

Côté santé

La jeunesse de l'Hermite s'est envolée. Cette carte annonce des douleurs au niveau du dos et des maladies liées à la vieillesse, voire une baisse de l'acuité visuelle et auditive.

Obstacle à venir

L'Hermite prévient d'un ralentissement dans tous les domaines, voire des limitations et de la lenteur dans la réalisation des projets.

PETITE ANECDOTE

Personnellement, cette lame représente iconographiquement Émilion, à l'époque, moine et ermite breton, intendant du comte de Vannes, au VIIIe siècle. Il fuit sa popularité de « faiseur de miracles ». Il longea la côte atlantique et s'installa dans une grotte dotée d'une source, bien à l'abri des regards, aux abords du château

→

d'Ascumbas, mais sa réputation le poursuivit. Le village s'agrandit et changea de nom pour devenir Saint-Émilion, celui-là même de belle réputation viticole. Une église monolithe fut érigée au-dessus de l'ermitage d'Émilion.

La Roue de Fortune

L'évolution inopinée

Nombre : 10

L'animal représente la multitude de solutions face à un problème donné et annonce une prise de décision.

La roue symbolise les cycles de la vie, avec ses hauts et ses bas, mais aussi la roue des réincarnations karmiques, à laquelle nous devons mettre fin par un retour à l'équilibre et à la pureté.

- **Mots-clés :** rapidité, changement
- **Positif :** chance, surprise, libération
- **Négatif :** stress, instabilité, enlisement

Sphère professionnelle

La Roue de Fortune traduit une évolution rapide. Pour une personne sans activité, elle est signe d'une opportunité à saisir à brève échéance. Pour une personne en activité, cette carte garantit une promotion enrichissante.

Sphère financière

La Roue de Fortune informe que l'argent brûle les doigts du consultant. Ce dernier fragilise son budget. La prudence reste de mise.

Sphère affective

La Roue de Fortune assure des rencontres suite à des sorties. Pour une personne célibataire, la Roue de Fortune laisse présager une rencontre avec des échanges heureux. Pour une personne en couple, la fantaisie de la Roue de Fortune vient rompre la routine. Dans sa vie sociale, très populaire, la Roue de Fortune est amenée à élargir ses relations et son cercle d'amis tant sa compagnie est recherchée.

Côté santé

La Roue de Fortune traduit une grande énergie physique et mentale. Cette lame annonce aussi un rendez-vous chez le dentiste, des problèmes de bouche...

Obstacle à venir

La Roue de Fortune signale des retournements de situation très inattendus.

PETITE ANECDOTE

Cette carte représente iconographiquement, selon moi, Cronos, le dieu du Temps, qui passe et ne revient jamais, fils de Gaïa, la Terre, et de Uranus-Oranos, la personnification du Ciel. La Roue de Fortune est aussi la roue du Dharma, appelée aussi roue de la Loi des réincarnations.

La Force

Détermination et persévérance

Nombre : 11

La coiffe en forme de huit couché, surmontée d'une couronne, symbolise la loyauté infinie.

L'animal fait référence aux désirs et aux pulsions humaines.

Le lion représente à la fois les notions d'opposition et de soumission.

- **Mots-clés :** confiance, charisme
- **Positif :** maîtrise, motivation, concentration
- **Négatif :** violence, agressivité, peur

Sphère professionnelle

La Force certifie une évolution et une réalisation professionnelles. Pour une personne sans activité, elle concrétise une évolution très positive des projets. Pour une personne en activité, la Force traduit que les objectifs seront atteints prestement. La réussite est au rendez-vous dans tous les projets professionnels.

Sphère financière

La Force assure la stabilité du budget, par sa rigueur et sa détermination.

Sphère affective

Le charisme de la Force la rend magnétique. Pour une personne célibataire, elle signale une rencontre qui, avec affinités, peut prétendre à une relation durable et stable. Pour une personne en couple, la Force maintient la solidité des liens, malgré des crises de jalousie. La relation est passionnelle. Dans sa vie sociale, la Force dégage une attraction inconsciente, pour son entourage, qu'elle tiendra à distance.

Côté santé

La Force prédit une excellente vitalité physique et morale. Le temps peut amener des douleurs aux genoux, aux cervicales et aux lombaires, résultant d'un métier très physique.

Obstacle à venir

La force prévient d'agressivités diverses, bien que tous les obstacles soient surmontés grâce à sa force intérieure et à la confiance en l'avenir.

PETITE ANECDOTE

Iconographiquement, la Force représente un dompteur qui fait preuve d'empathie, de patience en hypnotisant l'animal sauvage, renforçant ainsi le lien de cœur et de plaisir. Ce personnage peut aussi être un véritable bourreau pour se faire obéir…

Le Pendu

L'inachevé

Nombre : 12

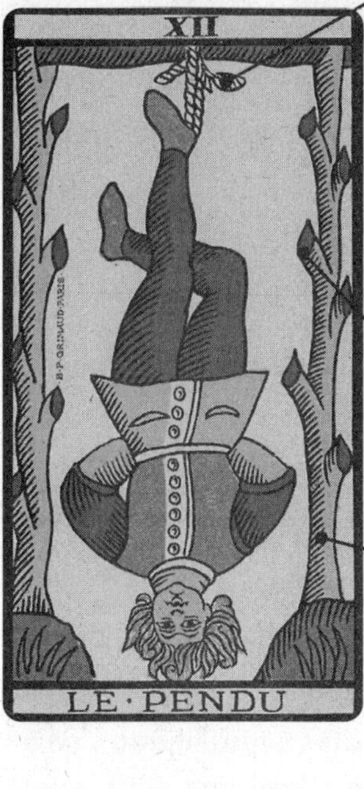

Le pied attaché indique que le sujet subit soit un blocage involontaire, selon les aléas de la vie, soit une soumission volontaire, par le don de soi. Carte retournée, le Pendu est en marche, car il retombe toujours sur ses pieds.

La sève qui coule des branches est un signe de vie.

Les bâtons aux branches coupées symbolisent les douze signes astrologiques.

- **Mots-clés :** soumission, altruisme
- **Positif :** acception, altruisme, méditation
- **Négatif :** impuissance, dépendance, dépression

Sphère professionnelle

Le Pendu annonce des retards et des blocages. Pour une personne sans activité, il préconise la sagesse de la patience face à de pénibles attentes. Pour une personne en activité, cette lame évoque du retard dans les projets, voire un risque de perte d'emploi ou une rupture conventionnelle, parfois même un congé sabbatique.

Sphère financière

Le Pendu avertit du risque de pertes préoccupantes. Il est sage d'économiser.

Sphère affective

Le Pendu prédit la frustration. Pour une personne célibataire, il annonce une indisponibilité, soit par un repli sur lui-même, soit par trop de dispersions altruistes. Pour une personne en couple, la vie affective est vécue avec beaucoup de soumission, dans un souci de tranquillité. Dans sa vie sociale, le Pendu attire la bienveillance, soit en se posant en victime, soit par sa bonté.

Côté santé

Le Pendu prédit un inconfort ou une immobilisation au niveau des jambes et des articulations. Passif, il manque de vitalité physique. Sa fragilité émotionnelle lui inflige des baisses de moral.

Obstacle à venir

Le Pendu avertit des blocages, des résignations, des sacrifices dans tous les domaines, qui seront résolus par la patience et la compassion.

PETITE ANECDOTE

Le Pendu est un homme en situation de sacrifice. Selon moi, le Pendu pourrait aussi représenter, symboliquement, Archimède. Butant depuis de longs mois sur l'immersion ou la flottaison d'un corps plongé dans un liquide… Somnolant dans son bain, il sentit cette poussée sur son corps flottant… Prise de conscience… Eurêka ! La poussée d'Archimède est née du lâcher-prise du mental sur les ressentis ouvrant à la prise de conscience, à des solutions.

L'Arcane sans nom

Pour une renaissance

Nombre : 13

Le squelette, signe de dépouillement, représente la mort d'un état pour accéder à un autre.

Les restes humains évoquent la résurrection. Il est nécessaire de mourir pour renaître.

La faux représente la transformation radicale de la situation actuelle.

- **Mots-clés :** transformation, radicalité
- **Positif :** soulagement, métamorphose, renaissance
- **Négatif :** perte, séparation, fatalité

Sphère professionnelle

Cette lame souligne les ruptures ou un changement radical. Pour une personne sans activité, l'Arcane sans nom est synonyme d'une attente pénible, parfois décourageante, ou de l'intention de ne pas travailler. Pour une personne en activité, la lame 13 apporte des changements : de lieu de travail ou de mission, suite à un licenciement ou à une démission, voire une incapacité reconnue.

Sphère financière

L'Arcane sans nom est très souvent signe de pertes financières, mais dans le cadre d'un héritage, elle signale une rentrée d'argent.

Sphère affective

Cette lame avertit de douleurs émotionnelles. Pour une personne célibataire, elle signale une profonde solitude et un isolement, souvent choisis. Pour une personne en couple, une situation pesante qui entraîne une remise en question. Elle prévient d'une séparation momentanée ou définitive des partenaires, mais aussi de la certitude d'être libéré de ce quotidien. L'Arcane sans nom est asociale.

Côté santé

Cette carte souligne une fragilité de l'ossature ou de la dentition, mais aussi de la guérison des blessures émotionnelles.

Obstacle à venir

La lame 13 prédit une libération de tous les obstacles.

PETITE ANECDOTE

Au Moyen Âge, la Mort, celle que l'on ne nomme pas, était représentée par un squelette tenant une faux. Or, le tarot de Marseille s'inspire beaucoup de l'iconographie de cette époque… Selon moi, cette carte symbolise Charon qui traverse les mondes souterrains, ce passeur qui mène les défunts d'une rive à l'autre.

→

Cette lame conduit vers un renouveau positif, même si ce dernier arrache au présent des larmes qui remplissent le Styx.

La Tempérance

Adaptation et harmonie

Nombre : 14

L'ange symbolise le lien entre le matériel et le spirituel.

Les deux vases représentent la vie, les émotions.

- **Mots-clés :** arrêt, harmonie
- **Positif :** équilibre, protection, régénération
- **Négatif :** discorde, arrêt, mollesse

Sphère professionnelle

La Tempérance sécurise. Pour une personne sans activité, les propositions sont encourageantes. Pour une personne en activité, la Tempérance indique la sécurité de l'emploi.

Sphère financière

Cette lame affirme l'équilibre matériel.

Sphère affective

La Tempérance harmonise les relations. Pour une personne célibataire, cette carte indique une rencontre agréable pouvant tendre vers une belle amitié. Pour une personne en couple, la Tempérance certifie fidélité et sincérité des partenaires. Dans sa vie sociale, la Tempérance est très estimée, bien que superficielle.

Côté santé

La Tempérance assure un bon équilibre physique et moral.

Obstacle à venir

La Tempérance présage la dissolution des problèmes de toutes sortes, grâce à la patience, la compassion et la bienveillance.

PETITE ANECDOTE

Selon moi, cette lame représente l'ange gardien. Il garantit aide et protection à toute personne qui l'appelle. Lorsque l'âme vit l'expérience de la mort, les anges gardiens viennent lui montrer le chemin de lumière à emprunter pour son ascension.

Le Diable

Des plaisirs aux addictions

Nombre : 15

La coiffe cornue symbolise la puissance de la lumière. Le bleu des ailes de chauve-souris, le monde du spirituel.

Le personnage du diable cache la vérité et représente les bas instincts.

Les attributs sexuels, masculins et féminins, traduisent une certaine ambivalence et un gros appétit sexuel.

Les deux diablotins, retenus par des liens dans le dos et autour du cou, confirment l'emprise qui se joue ici.

- **Mots-clés :** vices, pouvoir
- **Positif :** passion, magnétisme, pulsions
- **Négatif :** manipulation, envoûtement, cynisme

Sphère professionnelle

Le Diable prévient des abus. Pour une personne sans activité, le Diable apporte des opportunités d'argent facilement gagné, voire d'une possible proposition de travail non déclaré. Pour une personne en activité, le Diable satisfait les ambitions du sujet, reconnu comme impitoyable. Cette carte désigne également des dons à développer : voyance, magnétisme...

Sphère financière

Le Diable assure des rentrées d'argent... souvent dans l'illégalité ou en profitant des biens d'autrui.

Sphère affective

Le Diable est la passion incarnée. Pour une personne célibataire, le Diable indique des rencontres sexuelles, ou une rencontre passionnelle et envoûtante. Pour une personne en couple, le Diable souligne des conflits liés à la jalousie ou à l'égocentrisme de l'un des partenaires. Cette carte prévient parfois d'une violence physique ou morale. Dans sa vie sociale, le Diable côtoie toutes les personnes fréquentant des lieux de fantasme, de désirs et d'argent facile.

Côté santé

Le Diable est une porte ouverte aux infections diverses, y compris aux maladies sexuellement transmissibles.

Obstacle à venir

Le Diable annonce des médisances, des machinations et des intrigues, dans tous les domaines.

PETITE ANECDOTE

Ce personnage aux ailes de chauve-souris ou de dragon – libre à chacun de voir ce qu'il veut – invite aux plaisirs de la nuit, ou du moins aux plaisirs cachés (séance de spiritisme, messe noire, club échangiste, rencontre sadomasochiste...).

→

Remarquez comme il louche, ce qui lui offre le don de double vue. Iconographiquement, il évoque le comte Vlad III (1431-1476) surnommé « l'Empaleur » ou « Dracula », *drac* signifiant « diable » en roumain. Cet homme aux conquêtes nombreuses, plus ou moins consenties, fait penser à des sillons de feu, à des plaisirs excessifs et à sa descendance multiple. Le mystère plane sur les conditions de sa naissance et de sa mort… et plus encore sur sa dépouille et sa sépulture.

La Maison Dieu

Un choc libérateur

Nombre : 16

Le feu incite à la purification et à la transformation des énergies présentes.

La tour décapitée traduit un avertissement.

Les personnages reçoivent une leçon de la vie.

- **Mots-clés :** choc, bouleversement
- **Positif :** révélation, prise de conscience, illumination
- **Négatif :** accident, désillusion, traumatisme

Sphère professionnelle

La Maison Dieu inquiète. Pour une personne sans activité, la situation est très préoccupante. Pour une personne en activité, la Maison Dieu apporte des bouleversements, des fortes contrariétés, pouvant aller jusqu'à la perte d'emploi.

Sphère financière

La Maison Dieu apporte une surprise désagréable, une perte d'argent à prévoir.

Sphère affective

La Maison Dieu évoque un choc émotionnel. Pour une personne célibataire, la profonde et longue solitude est très mal vécue. Pour une personne en couple, la Maison Dieu entraîne conflits, disputes, parfois violence. Dans sa vie sociale, la Maison Dieu est fermée aux rencontres.

Côté santé

La Maison Dieu annonce un choc physique et/ou émotionnel pouvant entraîner des perturbations mentales, voire des somatisations.

Obstacle à venir

La Maison Dieu confirme un danger à venir, un choc violent à surmonter.

PETITE ANECDOTE

Le symbolisme de la carte évoque l'épisode de la tour de Babel de l'Ancien Testament. Pour contrecarrer leur ambitieux projet de construire une tour aussi haute que le ciel, Dieu dispersa les hommes à travers le monde et les empêcha de s'entendre en inventant les différentes langues. Selon moi, cette destruction d'un monde signifie avant tout la construction d'un autre monde plus tolérant, dans le respect des traditions de chacun.

L'Étoile

Douceur et bienveillance

Nombre : 17

L'étoile est source de protection, de guidance céleste. Ici, en plus de l'étoile centrale, il y a sept autres étoiles, sept étant un chiffre sacré.

L'arbre et l'oiseau symbolisent la vie cosmique, l'évolution cyclique de nos vies et des relations qui y sont nouées.

La nudité symbolise la pureté.

Les cruches évoquent l'immortalité de l'âme.

- **Mots-clés :** chance, protection
- **Positif :** confiance, réconfort, quiétude
- **Négatif :** déception, illusion, vulnérabilité

Sphère professionnelle

L'Étoile nous assure sa protection. Pour une personne sans activité, elle est une chance à saisir. Pour une personne en activité, cette lame certifie une grande tranquillité et une garantie d'évolution de poste.

Sphère financière

L'Étoile assure la régularité des revenus, sans préoccupation particulière.

Sphère affective

L'Étoile symbolise la virginité, les sentiments purs. Pour une personne célibataire, elle prédit une rencontre, pouvant se concrétiser en une belle histoire d'amour. Pour une personne en couple, l'harmonie et la complicité règnent au sein du foyer. Dans sa vie sociale, sa compagnie est très recherchée, ainsi l'Étoile est amenée à élargir ses relations et son cercle d'amis.

Côte santé

L'Étoile, d'un très bon équilibre, confirme une guérison. Elle souligne les soins liés à l'eau ou à la nature : thalassothérapie, homéopathie, pierres, élixirs, massages...

Obstacle à venir

L'Étoile ouvre des solutions face aux difficultés (s'il y en a) présentes dans un domaine.

PETITE ANECDOTE

Cette lame représente la bonne étoile attribuée à chacun à sa naissance. Elle est la petite lumière sur laquelle on peut compter tout au long de sa vie. Elle est comparable à un guide spirituel qui nous accompagne.

La Lune

L'éveil de l'inconscient

Nombre : 18

La Lune représente le principe féminin aux phases changeantes, lié à la fécondité, à la magie et aux forces occultes.

Seule la lune affiche un **visage de profil**, il n'y a pas de représentations humaines sur la lame : cela évoque le monde intérieur, l'inconscient.

Les chiens aboyant à la mort représentent la résurrection, la résistance au chagrin, mais aussi la transformation de toute chose et de toutes les âmes avec le temps.

L'écrevisse dans le lac symbolise la vie en germe qui se développe afin d'évoluer.

- **Mots-clés** : chagrin, passé
- **Positif** : profondeur, gestation, imagination
- **Négatif** : mélancolie, déception, mensonge

Sphère professionnelle

La Lune présage des déceptions. Pour une personne sans activité, l'attente va s'avérer longue et difficile. Pour une personne en activité, pleine satisfaction pour les professions artistiques ou en lien avec les enfants, amère déception pour les autres. Elle confirme un don de voyance, de médiumnité…

Sphère financière

La Lune souligne des dépenses pour le foyer, pour le lieu de vie, et pour les liens filiaux.

Sphère affective

La Lune est source de contrariétés. Pour une personne célibataire, elle prévient d'une certaine solitude, d'une liaison cachée, voire un deuil de cœur à soigner. Pour une personne en couple, elle certifie la sécurité affective au foyer, avec une naissance possible. Dans sa vie sociale, la Lune élargit ses relations sociales, grâce au lien avec les enfants. Sans ces derniers, la Lune annonce au contraire un repli sur soi.

Côté santé

La Lune traduit une nostalgie, une baisse de moral, des crises de larmes...

Obstacle à venir

La Lune confirme une déception, souvent liée à une illusion.

PETITE ANECDOTE

Comme l'astre lunaire, cette lame agit sur le mental et le moral comme le flux et le reflux des marées. Elle prévient des dépressions émotionnelles, quand le cœur est à marée basse ou que la marée monte, comme les larmes aux yeux.

Le Soleil

Le succès inévitable

Nombre : 19

Le soleil représente le roi, le rang social élevé, la lumière.

Les gouttes de pluie sont les bénédictions du ciel déversées sur la terre.

Les enfants, images de l'innocence et de la spontanéité, évoquent aussi le principe masculin, l'héritage du père et la part mortelle en chacun de nous.

- › **Mots-clés :** bonheur, succès
- › **Positif :** confiance en soi, charisme, accomplissement
- › **Négatif :** orgueil, apparence, aveuglement

Sphère professionnelle

Le Soleil apporte le succès. Pour une personne sans activité, il apporte de belles propositions. Pour une personne en activité, le Soleil évoque la satisfaction dans le travail. Gloire et honneurs sont au rendez-vous. Une création d'entreprise peut évoluer brillamment.

Sphère financière

Le Soleil garantit une sécurité matérielle solide.

Sphère affective

Le Soleil apporte de grandes joies. Pour une personne célibataire, le bonheur s'invite dans sa vie. Pour une personne en couple, le Soleil certifie la longévité de l'amour partagé. Dans sa vie sociale, le Soleil étincelle.

Côté santé

Le Soleil prévient de problèmes de peau, de brûlures (coup de soleil, ampoule...), ou de petits malaises vagaux.

Obstacle à venir

Le Soleil avertit d'un deuil de cœur.

PETITE ANECDOTE

Cette lame symbolise le Roi-Soleil, Louis XIV et Versailles dans toute leur splendeur. Les jardins décorés de statues dorées et de cascades dont l'eau évoque les rivières de diamants et, selon l'inclinaison du soleil, les arcs-en-ciel qui viennent s'y faufiler. La galerie des Glaces réfléchit la lumière et des spectres chromatiques sur les murs et les sols ; le soir venu, des centaines de chandeliers illuminent comme en plein jour et jusqu'au bout de la nuit... La splendeur d'un roi, le Roi-Soleil.

Le Jugement

La magie de l'instant

Nombre : 20

L'ange séraphin à la trompette est le messager d'une bonne nouvelle. Il représente le monde spirituel.

Le personnage de dos sorti d'une tombe traduit une métamorphose de l'esprit, une prise de conscience, une renaissance spirituelle.

- **Mots-clés** : révélation, réalisation
- **Positif** : surprise, spontanéité, inspiration
- **Négatif** : déstabilisation, calomnie, scandale

Sphère professionnelle

Une aide céleste vous est offerte, saisissez-la ! Pour une personne sans activité, le Jugement annonce un nouveau départ grâce à une proposition inattendue. Pour une personne en activité, le Jugement promet un changement rapide et heureux.

Sphère financière

Le Jugement présage un coup de pouce du destin, une rentrée d'argent fortuite.

Sphère affective

Le Jugement apporte une ouverture. Pour une personne célibataire, il évoque la magie d'une rencontre, peut-être sans lendemain. Pour une personne en couple, une bouffée d'oxygène vient rompre la routine ennuyeuse. Dans sa vie sociale, le Jugement élargit ses relations et son cercle d'amis par son rayonnement.

Côté santé

Le Jugement symbolise une bonne énergie physique et morale.

Obstacle à venir

Le Jugement signale une main tendue, une aide inespérée dans le domaine avertissant d'une difficulté.

PETITE ANECDOTE

La trompette annonce un discours solennel, ou l'arrivée d'invités de prestige, comme dans les contes de fées. Pour moi, elle apporte la joie et une bonne nouvelle. Le tombeau symbolise la matrice d'où sort l'enfant (le personnage de dos est asexué) accueilli par son père et sa mère (les deux personnages au bord du tombeau) et l'ange qui insuffle l'âme dans le corps choisi pour toute cette incarnation. Le drapeau avec la croix rouge évoque les Templiers et leurs trésors, mais aussi la Croix-Rouge, qui vient en aide aux plus démunis.

Le Monde

Le voyage initiatique

Nombre : 21

Les quatre figures évoquent les quatre éléments : l'ange pour l'air, le taureau pour la terre, le lion pour le feu, l'aigle pour l'eau.

La jeune femme nue incarne l'âme triomphante avec dans une main une baguette (symbole masculin) et dans l'autre un coquillage (symbole féminin).

La couronne de lauriers représente l'œuf cosmique : l'union, la connexion, le lien universel.

- **Mots-clés :** inconnu, gloire
- **Positif :** accomplissement, récompense, succès
- **Négatif :** déséquilibre, insuccès, enfermement

Sphère professionnelle

Le Monde stimule l'activité professionnelle. Pour une personne sans activité, le Monde apporte une opportunité valorisante. Pour une personne en activité, de nombreuses possibilités se présentent grâce aux efforts fournis. L'activité professionnelle peut avoir un lien avec l'étranger ou Internet.

Sphère financière

Le Monde assure une sécurité matérielle stable.

Sphère affective

Le Monde invite au voyage. Pour une personne célibataire, cette carte prédit une rencontre au cours d'un voyage ou d'un déplacement. Pour une personne en couple, l'amour règne dans le foyer, avec à la clé un petit voyage en amoureux. Dans sa vie sociale, le Monde côtoie des individus de toutes les origines et de toutes les cultures.

Côté santé

Le Monde invite à se faire vacciner, surtout en cas de voyage lointain, et à être prudent face à des virus ou des maladies venant de l'étranger. Cette carte traduit aussi une gêne oculaire – baisse de la vue, conjonctivite, glaucome...

Obstacle à venir

Le Monde signale un affront à venir.

PETITE ANECDOTE

Le Monde représente une porte à franchir, une étape à atteindre, voire un nouveau plan de conscience. Cette carte est l'énergie de vie dans ses différents éléments : l'homme incarné (l'ange) a besoin d'air pour respirer (l'aigle), de nourriture (le bœuf ou taureau) et de feu pour se réchauffer, cuire sa nourriture, se faire craindre de ses prédateurs et poursuivre son chemin grâce à la lumière (le lion).

Le Mat ou Le Fou

La liberté absolue

Le baluchon
représente les expériences
vécues et accumulées,
pour chaque individu.

Le chien
le pousse à avancer,
comme le temps qui passe
et jamais ne s'arrête.

Le bâton
représente l'esprit
en action, sur le chemin
de la connaissance.

- **Mots-clés :** marginalité, indépendance
- **Positif :** aventure, originalité, détachement
- **Négatif :** errance, exil, imprudence

Sphère professionnelle

Le Mat se refuse aux contraintes. Pour une personne sans activité, le Mat signale des emplois éphémères (intérim, CDD...) et que le sujet ne se donne pas les moyens de trouver un emploi. Pour une personne en activité, le Mat évoque une insatisfaction totale, une fuite qui pourrait amener à un nouveau départ plus valorisant, vers un travail indépendant.

Sphère financière

Le Mat avertit d'un coup de folie entraînant un déséquilibre financier.

Sphère affective

Le Mat apporte une frustration. Pour une personne célibataire, le Mat prévient d'une rencontre éphémère. Pour une personne en couple, le Mat affirme son indépendance par son constant besoin de liberté. Les sentiments sont présents, mais inexprimés. Dans sa vie sociale, le Mat est très superficiel.

Côté santé

Malgré sa bonne vitalité physique, le Mat présente des troubles psychiques.

Obstacle à venir

Le Mat souligne un malaise intérieur, source d'incertitudes, pouvant entraîner une remise en question, ou, dans le meilleur des cas, un départ à zéro.

PETITE ANECDOTE

Au Moyen Âge, les travailleurs journaliers cherchaient du travail sur les routes, portant sur leur épaule leur maigre baluchon et une cuillère en bois. Pour moi, le Mat est ce vagabond, ce nomade qui passe de village en village pour un travail, une pitance. Il fait l'expérience de la vie, accompagné de sa liberté. Le chien, qui le mord et le chasse de la maison lorsque le gîte lui est refusé, lui permet aussi d'avancer vers un endroit plus propice pour lui.

2

LES 14 TIRAGES ESSENTIELS

Chapitre 1

Comment faire le tirage ?

Je vous propose de vous approprier un carnet, qui vous accompagnera sur le chemin de votre évolution vers la découverte du tarot de Marseille, un peu comme un journal de bord ou un journal intime.

Pour vos premiers tirages, vous pouvez utiliser les pages de notes situées en fin d'ouvrage.

- Munissez-vous de votre journal de bord et de votre crayon fétiche, ainsi que de votre tarot de Marseille réservé à cette utilisation.
- Installez-vous dans un endroit calme et intime, à la lueur d'une bougie, parfumée ou non, dans les effluves d'un encens de qualité ou du parfum de votre huile essentielle préférée, en diffusion.
- Recentrez-vous un instant en respirant profondément plusieurs fois et en gardant à l'esprit que vous souhaitez trouver des

solutions aux problèmes qui vous préoccupent actuellement.

- Battez les lames.
- Coupez le jeu de votre main gauche (ou droite si vous êtes gaucher) et placez le paquet du dessous sur l'autre.
- Étalez les cartes devant vous.
- Passez votre main gauche (ou droite si vous êtes gaucher) au-dessus de toutes les cartes étalées et choisissez-en une spontanément, ou en respirant profondément.
- Retournez les cartes du tirage choisi.
- Inscrivez la date et l'heure sur le haut de la page de votre cahier, puis le nom des lames venues pour vous, dans la position du tirage.
- Inscrivez tout ce que vous inspire chaque carte, en la regardant un long moment.
- Respirez tranquillement.
- Maintenant, consultez le livre à la page de la carte concernée, pour travailler plus en profondeur avec elle. Restez à l'écoute de vos intuitions. Vous pouvez photographier la carte et la mettre en fond d'écran de votre téléphone, afin de préserver cette connexion au quotidien.

- Notez chaque jour dans votre journal ce que vous vivez, y compris vos rêves, au petit matin.

Chapitre 2

5 tirages pour faire connaissance avec votre tarot

Différents tirages vous sont présentés ici, afin d'affiner votre connaissance du tarot de Marseille. À vous de choisir en fonction de votre niveau et de votre inspiration !

TIRAGE 1 L'ÉNERGIE DE LA JOURNÉE

Ce tirage proposé ci-après vous permet de faire connaissance avec les lames du tarot de Marseille et de développer votre ressenti.

Fréquence

Chaque matin. Prévoyez un instant dans votre espace personnel... Un lieu calme, avec ou sans la lumière d'une bougie, agrémenté du parfum d'un encens si besoin.

Réalisation

Dans la journée.

- Battez les cartes et coupez-les en pensant au sujet qui vous préoccupe.
- Étalez les lames devant vous avec votre main, de façon à former une ligne.
- Posez votre question : « Quelle est l'énergie de ma journée ? »
- Ressentez votre interprétation.
- Allez à la page expliquant la symbolique de la carte tirée.

TIRAGE 2 LA MAGIE DU JOUR

Après avoir travaillé le premier tirage quotidien pendant quatre mois, vos connaissances vous permettent d'approfondir vos compétences. Le tirage proposé ci-après va vous permettre de parfaire votre maîtrise des lames du tarot de Marseille afin de développer votre ressenti.

Fréquence

Avant ou après votre petit déjeuner.

Réalisation

Dans la journée.

- Recentrez-vous, posez-vous dans le calme, installez-vous dans votre espace intérieur, avec ou sans la lumière d'une bougie, le parfum d'un encens.
- Battez les cartes et coupez-les en pensant à la question qui vous préoccupe.
- Étalez les lames devant vous avec votre main, de façon à former une ligne.
- Posez votre question : « Quelle est l'énergie de ma journée ? »
- Ressentez votre interprétation.
- Allez à la page expliquant la symbolique de la carte tirée.

- Avant de vous coucher, prenez un instant pour faire le point sur votre journée.

TIRAGE 3 LE TIRAGE DE LA SEMAINE

Lorsque vous vous sentez prêt, vous pouvez passer au tirage de la semaine. Ce tirage vous permet de parfaire votre connaissance des lames du tarot de Marseille et de développer votre ressenti. À la fin de votre tirage, inscrivez chaque soir votre journée. Puis, à la fin de votre semaine, faites une synthèse de vos tirages.

Fréquence

Chaque semaine, le dimanche, matin ou soir – le dimanche étant le premier jour de la semaine.

Réalisation

Dans la semaine.

- Recentrez-vous, posez-vous dans le calme, installez-vous dans votre espace intérieur, avec ou sans la lumière d'une bougie, le parfum d'un encens.

- Battez les cartes et coupez-les en pensant à votre semaine à venir.
- Posez votre question : « Quelle est l'énergie de ma semaine à venir, dans tous les domaines de ma vie, ou dans tel domaine en particulier (professionnel, amoureux...) ? »
- Tirez les cartes.
- Étalez les lames devant vous avec votre main, de façon à former une ligne.
- Ressentez votre interprétation.
- Notez vos mots-clés.
- Allez aux pages expliquant la symbolique des cartes tirées.
- Avant de vous coucher, prenez un instant pour faire le point sur votre journée.

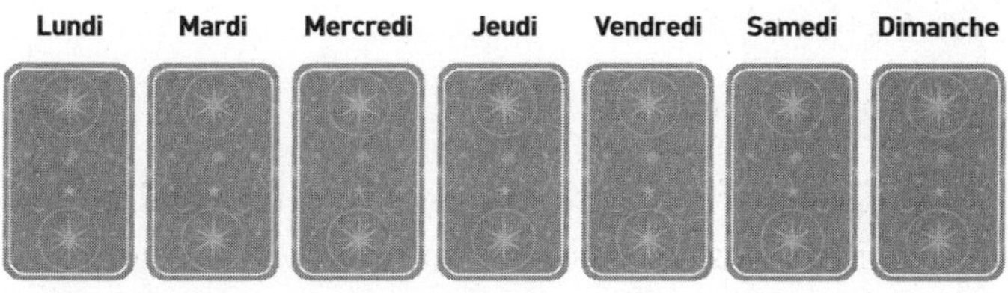

EXEMPLE	**Carte du lundi**	**Carte du mardi**	**Carte du mercredi**
	 **L'Impératrice**	 **Le Mat**	 **L'Arcane sans nom**
Votre interprétation	Beauté Élégance Féminité	Indépendance Marche Liberté	Libération Changement Renaissance
Interprétation de la lame			
Synthèse de votre journée	*Je me suis maquillée *Coup de cœur pour un manteau	*Voiture en panne, au boulot à pied et en Uber	*J'ai acheté le manteau et j'ai jeté l'autre usé *Je me suis coupé

Carte du jeudi	Carte du vendredi	Carte du samedi	Carte du dimanche
 **Le Chariot**	 **Le Pape**	 **La Lune**	 **La Papesse**
Victoire Véhicule Sport	Bienveillance Conseil Paix	Intuition Voyance Eau	Livres Apprendre Mystère
*J'ai perdu 1 kilo, effort récompensé	*Ostéopathe	*Je suis allé à mon cours de tarot	*Il pleut – emmitouflé dans mon lit –, je reprends des notes d'hier *Ce soir amour Kado d'un agenda

À VOUS !	Carte du lundi	Carte du mardi	Carte du mercredi

Votre interprétation	....	....	....
Interprétation de la lame	....	....	....
Synthèse de votre journée	....	....	....

Carte du jeudi	Carte du vendredi	Carte du samedi	Carte du dimanche

TIRAGE 4 LE TIRAGE DU MOIS

Lorsque vous vous sentez prêt, vous pouvez passer au tirage du mois. Ce tirage vous permet de parfaire votre connaissance des lames du tarot de Marseille et de développer votre ressenti.

Fréquence

Entre le premier et le quatrième jour de chaque mois, matin ou soir, ou à un moment que vous jugerez idéal pour vous.

Réalisation

Dans le mois.

- Recentrez-vous, posez-vous dans le calme, installez-vous dans votre espace intérieur, avec ou sans la lumière d'une bougie, le parfum d'un encens.
- Battez les cartes et coupez en pensant à votre mois à venir.
- Posez votre question : « Quelles sont les prédictions du mois à venir ? », « Que me réserve chaque domaine de la vie pour le mois de (le nommer) ? »

- Tirez les cartes.
- Ressentez votre interprétation.
- Allez aux pages expliquant la symbolique des cartes tirées.
- Avant le week-end, prenez un instant pour faire le point sur votre semaine – à condition d'avoir noté ce que vous avez vécu tous les soirs. Faites ensuite le bilan du mois, la synthèse.

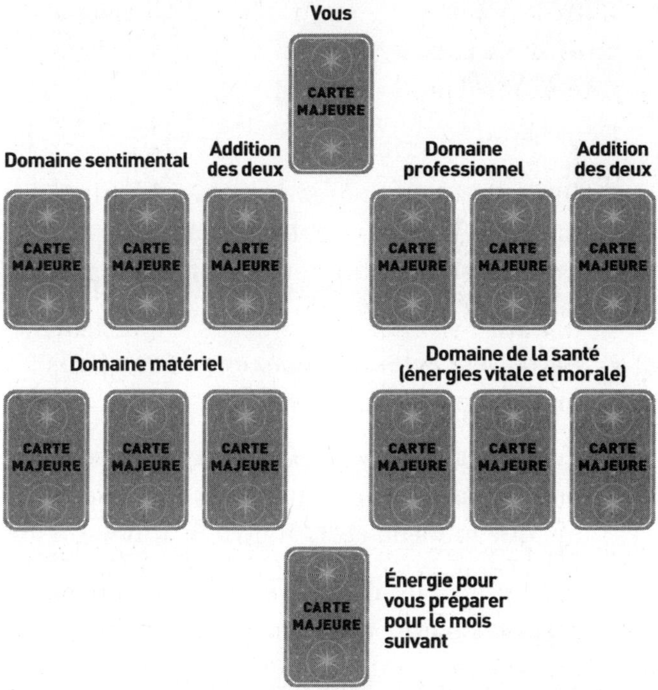

TIRAGE 5 LE TIRAGE DE L'ANNÉE

Le tirage proposé ci-dessous vous apporte une réponse à une question tout en vous informant de certains paramètres extérieurs.

Fréquence

La première semaine de l'année, matin ou soir, ou au moment que vous jugerez bon pour vous.

Réalisation

Dans l'année.

- Recentrez-vous, posez-vous dans le calme, installez-vous dans votre espace intérieur, avec ou sans la lumière d'une bougie, le parfum d'un encens.
- Battez les cartes et coupez en pensant à vos projets pour l'année à venir.
- Posez votre question : « Que me réserve cette nouvelle année ? », « Quelle est l'énergie de chaque mois de cette nouvelle année ? », « Que dois-je accueillir cette année ? »
- Tirez les cartes.
- Ressentez votre interprétation.

- Allez aux pages expliquant la symbolique des cartes tirées.
- Chaque semaine de chaque mois, faites votre synthèse.

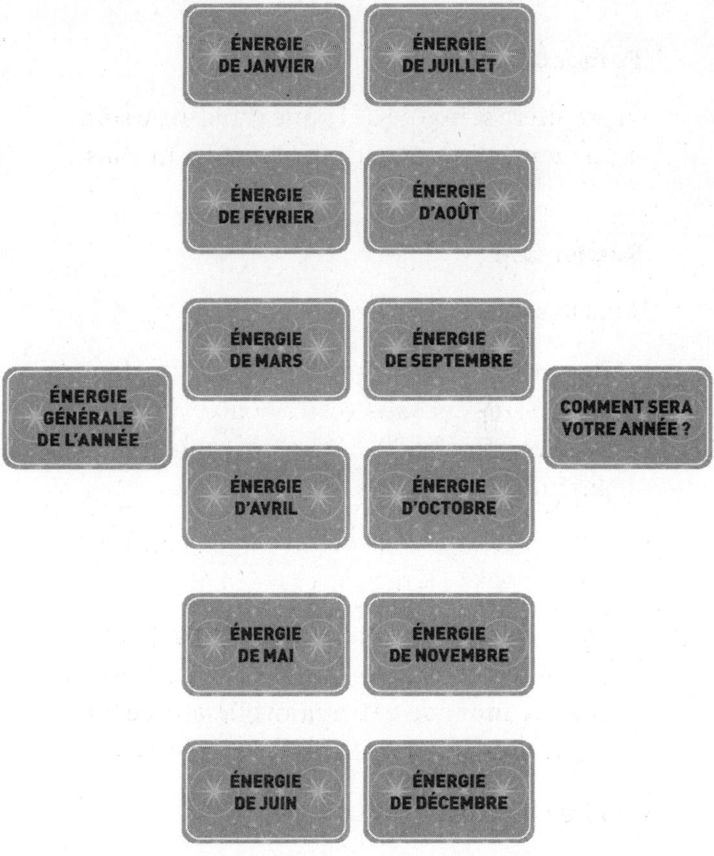

Chapitre 3

2 tirages en croix

LE TIRAGE EN CROIX 1

Réalisation

- Saisissez votre carnet et crayon fétiche.
- Recentrez-vous, posez-vous dans le calme, installez-vous dans votre espace intérieur, avec ou sans la lumière d'une bougie, le parfum d'un encens, d'un papier d'Arménie ou d'une huile essentielle.
- Battez les cartes et coupez en pensant à votre mois à venir.
- Posez votre question : « Vais-je signer le contrat avec la société X ? »
- Tirez cinq cartes à positionner de la façon suivante :

① État d'esprit du consultant par rapport à sa question.

② Situation favorable ou défavorable.

③ Le conseil pour atteindre le but.

④ Réponse.

⑤ Synthèse : addition des quatre lames.

- Ressentez votre interprétation et découvrez la mienne pages 131 et 132.
- Allez aux pages expliquant la symbolique des cartes tirées.

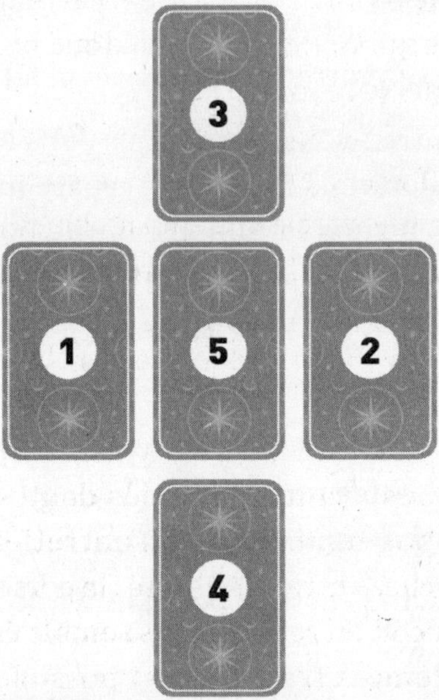

L'interprétation de Nathaëlh

① **L'Empereur :** face à cette question, le consultant est bien déterminé à signer un contrat avec cette société. Il est très intéressé par le travail proposé.

② **Le Mat :** l'avantage du consultant pour obtenir ce poste est sa disponibilité immédiate. Il est prêt à venir, à entrer.

③ **L'Hermite :** pour signer ce contrat, le consultant doit bien connaître le domaine professionnel en question. Une expérience plus qu'un diplôme fera donc pencher la balance de son côté.

④ **Le Pape :** en réponse, le consultant a bien un entretien d'embauche, suivi d'une proposition de signature de contrat.

⑤ **La synthèse :** en additionnant les numéros des cartes du tirage (4 + 0 + 9 + 5), nous obtenons **la Lune** (18). Ainsi, il se peut que le consultant émette des doutes sur les propos tenus lors de l'entretien d'embauche. Autre possibilité : la personne qui le reçoit en rendez-vous semble émotionnellement fragile. Il est possible qu'elle propose, finalement – et contrairement à l'annonce officielle de la société –, un CDD plutôt qu'un CDI par exemple. Pour aller plus loin, en réduisant le 18 de la Lune (1 + 8), nous obtenons le 9 de l'Hermite. Ainsi, après mûre réflexion, le consultant va sans doute décider de ne pas signer de contrat, soit parce qu'il n'a pas un bon ressenti sur le poste qui lui est offert, suite à l'échange lors de l'entretien, soit parce que ses recherches lui ouvrent une proposition plus intéressante à étudier.

LE TIRAGE EN CROIX 2

Réalisation

- Saisissez votre carnet et crayon fétiche.
- Recentrez-vous, posez-vous dans le calme, installez-vous dans votre espace intérieur, avec ou sans la lumière d'une bougie, le parfum d'un encens, d'un papier d'Arménie ou d'une huile essentielle.
- Battez les cartes et coupez en pensant à votre mois à venir.
- Posez votre question : « Vais-je retrouver la mobilité de mes jambes ? Depuis mon opération du genou, c'est dur. »
- Tirez cinq cartes à positionner de la façon suivante :

① État d'esprit du consultant par rapport à sa question.

② Situation favorable ou défavorable.

③ Le conseil pour atteindre le but.

④ Réponse.

⑤ Synthèse : addition des quatre lames.

- Ressentez votre interprétation et découvrez la mienne pages 135 et 136.
- Allez aux pages expliquant la symbolique des cartes tirées.

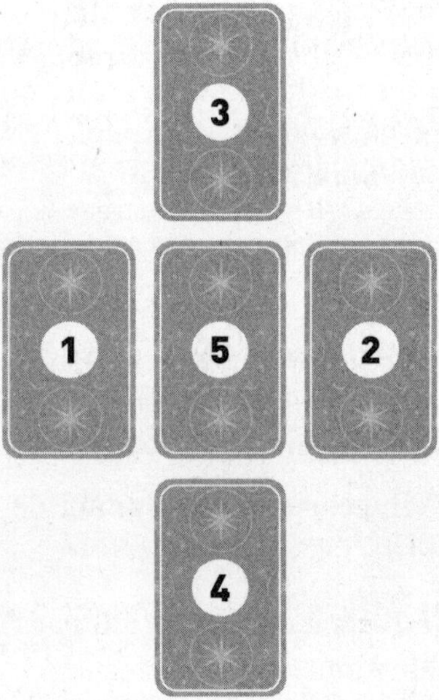

L'interprétation de Nathaëlh

① **La Maison Dieu :** face à cette question, le consultant est découragé. Il peut ressentir une douleur persistante, avoir des sautes d'humeur face à sa situation.

② **Le Jugement :** l'avantage du consultant est qu'il est soutenu et aidé par son entourage.

③ **La Tempérance :** pour se remettre de son opération, cette carte conseille au consultant des thérapies naturelles, comme marcher dans l'eau, se masser, utiliser des pierres...

④ **Le Monde :** en réponse, le consultant craint des complications, mais cette carte affirme que la guérison vient petit à petit. Il prédit une randonnée, la visite d'un musée, donc un retour à la mobilité.

⑤ **La synthèse :** en additionnant les numéros des cartes du tirage (16 + 20 + 14 + 21), nous obtenons la **Justice** (71 = 7 + 1 = 8). Ainsi, il peut se rassurer. Il lui suffit que son médecin lui prescrive des séances de kiné supplémentaires, un séjour en thalassothérapie... pour que le consultant progresse vers la guérison de son genou. Le consultant est bien déterminé à retrouver sa mobilité, au point de s'organiser un planning avec des exercices quotidiens : marche douce en plein air avec la participation de proches (Jugement et Monde), exercices en piscine (Tempérance). Le découragement et l'impatience (Maison Dieu) du consultant ne sont que temporaires, il retrouvera la force morale de « reconstruire » son genou.

Chapitre 4

Tirage pour prendre soin de soi

COMMENT UTILISER CE CARNET ?

Dans les moments de doute, face à un émotionnel fragilisé, vous avez besoin de voir plus clair sur une situation problématique qui s'installe depuis quelque temps ?

Étape 1 *Le premier rendez-vous*

- Saisissez votre agenda et prenez rendez-vous avec vous-même. Choisissez un jour et une heure identiques pour trois rendez-vous. Le premier dans la semaine en cours, puis à partir de ce rendez-vous, planifiez les suivants : le deuxième trois semaines plus tard et le dernier cinq semaines plus tard.

- Munissez-vous de votre journal de bord et d'un crayon, ainsi que de votre tarot de Marseille réservé à cette utilisation.
- Le jour de votre rendez-vous, installez-vous dans un endroit calme et intime, à la lueur d'une bougie, parfumée ou non, dans les effluves d'un encens de qualité ou du parfum de votre huile essentielle préférée, en diffusion.
- Recentrez-vous un instant en respirant profondément plusieurs fois.
- Battez les lames.
- Coupez le jeu de votre main gauche (ou droite si vous êtes gaucher) et placez le paquet du dessous sur l'autre.
- Étalez les cartes devant vous.
- Passez votre main gauche (ou droite si vous êtes gaucher) au-dessus de toutes les cartes étalées et choisissez-en une spontanément, ou en respirant profondément.
- Retournez la carte.
- Inscrivez la date et l'heure sur le haut de la page de votre cahier, puis le nom de l'arcane venu pour vous.

- Inscrivez tout ce qu'elle vous inspire juste en la regardant un long moment.
- Respirez tranquillement.
- Maintenant, consultez le livre à la page de la carte concernée, pour travailler plus en profondeur avec elle. Restez à l'écoute de vos intuitions. Vous pouvez photographier la carte et la mettre en fond d'écran de votre téléphone, afin de préserver cette connexion au quotidien.
- Notez chaque jour dans votre journal ce que vous vivez, y compris vos rêves, au petit matin.

Étape 2 Le deuxième rendez-vous, trois semaines plus tard

- Installez-vous dans un endroit calme, comme à votre habitude.
- Placez devant vous la lame majeure qui vous a soutenu jusque-là.
- Dans les mêmes conditions que la fois précédente, battez les lames majeures.
- Coupez de la main gauche (ou droite si vous êtes gaucher) et choisissez votre carte.

- Retournez-la, notez son nom et tout ce qu'elle éveille ou agite en vous.

Étape 3 *Le troisième rendez-vous, deux semaines plus tard*

- Installez-vous dans un endroit calme, comme à votre habitude.

- Placez devant vous les lames majeures des tirages précédents.
- Ressentez l'évolution que vous avez vécue ensemble, constatez l'amélioration de votre état et comparez-le avec vos notes précédentes.
- Mettez vos cartes l'une à côté de l'autre.
- Procédez au tirage de la carte comme à l'habitude.
- Notez tout ce que vous ressentez, puis inversez la position des cartes.
- Si vous ressentez des émotions ou des tensions à travailler, alors laissez-vous prendre par la main par ces deux lames pour vous guider encore pendant deux semaines.

- Choisissez éventuellement une thérapie complémentaire pour continuer le travail si nécessaire.
- Si vous ressentez la paix et l'harmonie, rangez simplement les cartes dans le paquet et leur étui.

Chapitre 5

3 tirages pour les questions d'amour

En fonction de votre problématique, voici plusieurs tirages à découvrir.

TIRAGE 1 RENCONTRER L'AMOUR

Le tirage proposé ci-dessous vous donne la réponse à votre question tout en vous renseignant sur vos blocages, conscients ou inconscients, à dépasser.

Fréquence

Lorsque vous vous posez la question.

Réalisation

Dans les vingt et un jours, en travaillant sur la clé de vos blocages.

- Recentrez-vous, posez-vous dans le calme, installez-vous dans votre espace intérieur, avec ou sans la lumière d'une bougie, le parfum d'un encens.
- Battez les cartes et coupez en pensant au domaine de l'amour qui vous préoccupe. Par exemple : « Pourquoi suis-je encore célibataire ? », « Quel aspect en moi dois-je améliorer ? »
- Étalez les lames devant vous avec votre main, de façon à former une ligne.
- Tirez les cartes.
- Ressentez votre interprétation.
- Allez aux pages expliquant la symbolique des cartes tirées.

Lire le tirage

Lame 1 : cette lame représente votre état d'esprit au moment présent face à votre question.

Lame 2 : cette lame vous dévoile ou vous confirme les blocages émotionnels à surmonter pour vivre une relation amoureuse sereine, en analysant tous les paramètres (émotionnels, mentaux, psychologiques).

Lame 3 : cette lame évoque l'impact de votre passé, les émotions résiduelles qui vous empêchent de vous investir dans la relation.

Lame 4 : cette lame parle de l'évolution de votre relation amoureuse lorsque vous serez libéré des entraves de votre passé.

TIRAGE 2 TROUVER L'HARMONIE DANS LE COUPLE

Le tirage proposé ci-dessous apporte une réponse à votre question tout en vous renseignant sur votre vision et celle de votre partenaire à propos de la relation que vous vivez. La dernière carte souligne les points mutuels à améliorer pour inviter la sécurité affective dans votre histoire.

Fréquence

Lorsqu'une difficulté surgit.

Réalisation

Dans les deux mois, en travaillant sur vos comportements émotionnels et mentaux.

- Recentrez-vous, posez-vous dans le calme, installez-vous dans votre espace intérieur, avec ou sans la lumière d'une bougie, le parfum d'un encens.
- Battez les cartes et coupez en pensant à la situation que vous vivez dans votre couple.
- Posez votre question.

- Étalez les lames devant vous avec votre main, de façon à former une ligne.
- Tirez les cartes.
- Ressentez votre interprétation.
- Allez aux pages expliquant la symbolique des cartes tirées.

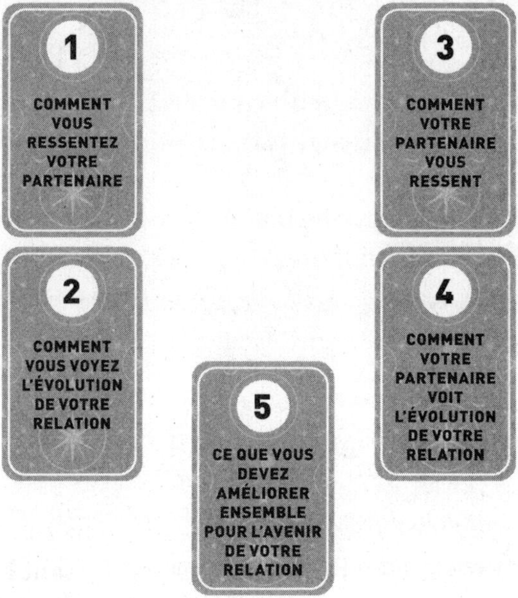

Lire le tirage

Lame 1 : cette lame représente votre état d'esprit au moment présent, face à votre question.

Lame 2 : cette lame vous dévoile ou vous confirme votre ressenti sur la relation que vous vivez.

Lame 3 : cette lame représente l'état d'esprit de votre partenaire au moment présent, face à votre question.

Lame 4 : cette lame vous dévoile comment votre partenaire vit votre relation.

Lame 5 : cette lame indique la manière d'améliorer votre communication et de vivre heureux ensemble.

TIRAGE 3 LES CLÉS DU BONHEUR

Le tirage proposé ci-après permet de comprendre et de surmonter les difficultés rencontrées dans votre relation. Vous découvrirez les faiblesses de votre amour et les aspects à renforcer afin d'accueillir le bonheur. Vous comprendrez la source de la force de votre amour, afin de tout faire pour qu'elle devienne intarissable.

Fréquence

Lorsque vous voulez comprendre et dépasser une crise dans votre couple.

Réalisation

Dans les deux mois, en travaillant sur vos comportements émotionnels et mentaux.

- Recentrez-vous, posez-vous dans le calme, installez-vous dans votre espace intérieur, avec ou sans la lumière d'une bougie, le parfum d'un encens.
- Battez les cartes et coupez en pensant à votre couple et au problème qui vous préoccupe.
- Posez votre question.
- Étalez les lames devant vous avec votre main, de façon à former une ligne.
- Tirez les cartes.
- Ressentez votre interprétation.
- Allez aux pages expliquant la symbolique des cartes tirées.

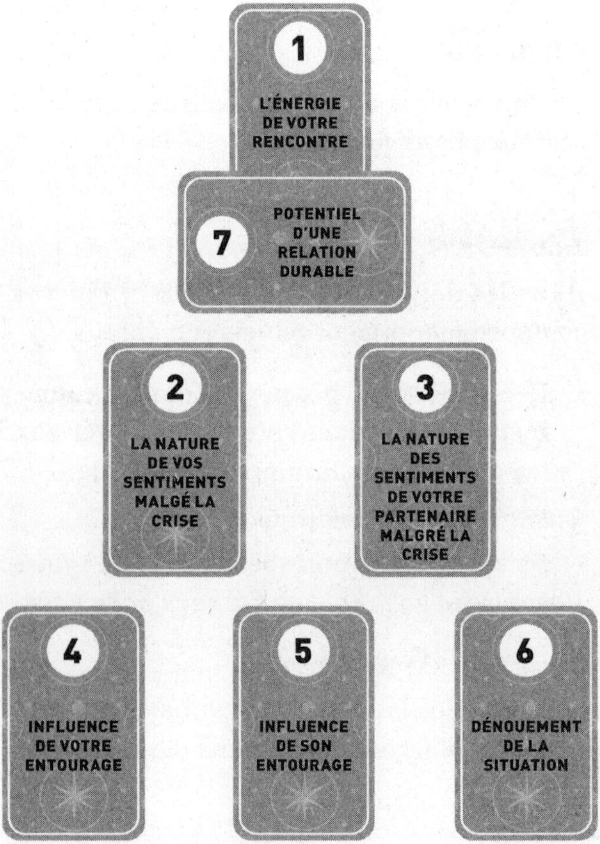
1
L'ÉNERGIE DE VOTRE RENCONTRE
7
POTENTIEL D'UNE RELATION DURABLE
2
LA NATURE DE VOS SENTIMENTS MALGÉ LA CRISE
3
LA NATURE DES SENTIMENTS DE VOTRE PARTENAIRE MALGRÉ LA CRISE
4
INFLUENCE DE VOTRE ENTOURAGE
5
INFLUENCE DE SON ENTOURAGE
6
DÉNOUEMENT DE LA SITUATION

Lire le tirage

Lame 1 : cette lame représente l'énergie de votre rencontre.

Lame 2 : cette lame vous dévoile ou vous confirme votre ressenti sur la relation que vous vivez.

Lame 3 : cette lame représente l'état d'esprit de votre partenaire au moment présent, face à votre question.

Lame 4 : cette lame vous dévoile l'influence de votre entourage sur votre relation.

Lame 5 : cette lame vous dévoile l'influence de l'entourage de votre partenaire sur votre relation.

Lame 6 : cette lame souligne comment améliorer votre communication, pour dépasser la crise et vivre heureux ensemble.

Lame 7 : cette lame vous donne le potentiel de durée de votre relation.

Chapitre 6

3 tirages pour l'évolution professionnelle

TIRAGE 1 APAISER LES CONFLITS AU TRAVAIL

Ce tirage vous indique quelle énergie est à travailler pour trouver l'harmonie relationnelle dans votre travail.

Fréquence

Tous les trois mois, matin ou soir, au moment que vous jugerez bon pour vous.

Réalisation

- Recentrez-vous, posez-vous dans le calme, installez-vous dans votre espace intérieur, avec ou sans la lumière d'une bougie, le parfum d'un encens.

- Battez les cartes et coupez en pensant à ce qui vous préoccupe.
- Étalez les lames devant vous avec votre main, de façon à former une ligne.
- Posez votre question.
- Tirez les cartes.
- Ressentez votre interprétation.
- Allez aux pages expliquant la symbolique des cartes tirées.
- Avant le week-end, prenez un instant pour faire le point sur votre semaine, à condition d'avoir noté ce que vous avez vécu tous les soirs.

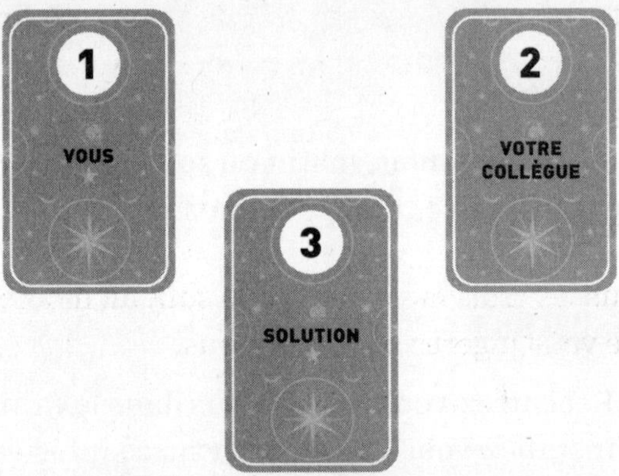

Lire le tirage

Lame 1 : cette lame représente votre état d'esprit face à votre question.

Lame 2 : cette lame représente l'état d'esprit de votre collègue face à votre conflit.

Lame 3 : cette lame vous renseigne sur le comportement à avoir pour apaiser le conflit.

TIRAGE 2 LA RÉUSSITE PROFESSIONNELLE

Ce tirage vous apporte la réponse à une question tout en vous renseignant sur les paramètres extérieurs. Il vous permet de vous préparer à recevoir de l'aide ou à rencontrer certains obstacles.

Fréquence

Tous les trois mois, matin ou soir, au moment que vous jugerez bon pour vous.

Réalisation

Dans les trois mois.

- Recentrez-vous, posez-vous dans le calme, installez-vous dans votre espace intérieur, avec ou sans la lumière d'une bougie, le parfum d'un encens.
- Battez les cartes et coupez en pensant au sujet qui vous préoccupe.
- Étalez les lames devant vous avec votre main, de façon à former une ligne.
- Posez votre question.
- Tirez les cartes.
- Ressentez votre interprétation.
- Allez aux pages expliquant la symbolique des cartes tirées.
- Régulièrement, dans les trois mois, prenez un instant pour faire le point sur votre semaine, à condition d'avoir noté ce que vous avez vécu tous les soirs.

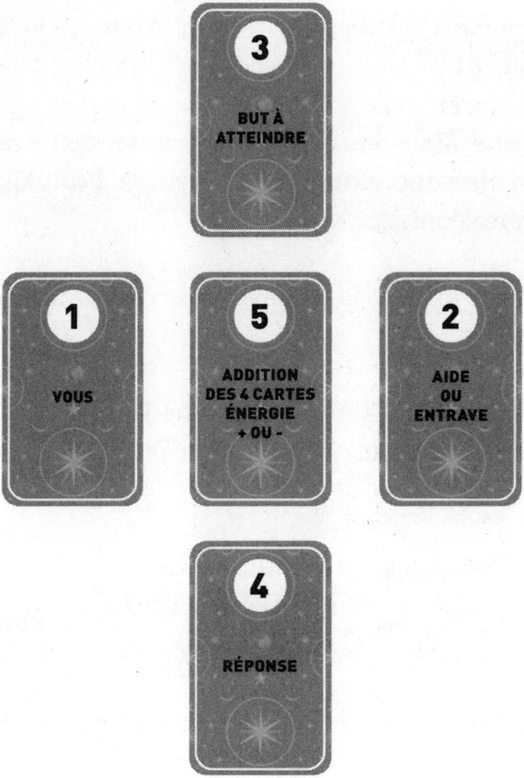

Lire le tirage

Lame 1 : cette lame représente votre état d'esprit face à votre question.

Lame 2 : cette lame vous dévoile les difficultés ou les points positifs pour atteindre votre objectif.

Lame 3 : cette lame représente votre but à atteindre, pour obtenir cette évolution professionnelle.

Lame 4 : cette lame dévoile la réponse à votre question.

Lame 5 : l'addition des numéros des cartes vous donne l'énergie générale du résultat.

TIRAGE 3 UNE BRILLANTE CARRIÈRE

Ce tirage vous apporte la réponse à une question tout en vous renseignant sur les paramètres extérieurs : l'influence de votre entourage, vos craintes et les espoirs inconscients face à la réalisation d'un objectif de carrière.

Fréquence

Tous les six mois, matin ou soir, au moment que vous jugerez bon pour vous.

Réalisation

Dans l'année.

- Recentrez-vous, posez-vous dans le calme, installez-vous dans votre espace intérieur, avec ou sans la lumière d'une bougie, le parfum d'un encens.
- Battez les cartes et coupez en pensant au sujet qui vous préoccupe.
- Étalez les lames devant vous avec votre main, de façon à former une ligne.
- Posez votre question.
- Tirez les cartes.
- Ressentez votre interprétation.
- Allez aux pages expliquant la symbolique des cartes tirées.
- Prenez régulièrement le temps de faire le point sur votre tirage, à condition d'avoir noté ce que vous avez vécu chaque semaine.

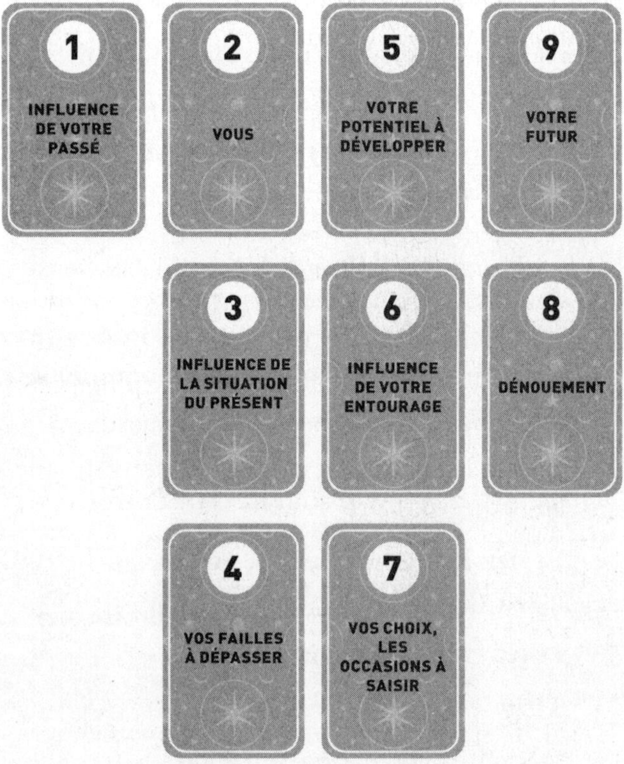

Lire le tirage

Lame 1 : cette lame représente l'influence de votre passé face à votre projet actuel.

Lame 2 : cette lame représente votre état d'esprit face à votre question.

Lame 3 : cette lame représente l'influence de la situation actuellement dans la société pour votre évolution professionnelle.

Lame 4 : cette lame vous dévoile vos failles à dépasser pour réaliser votre objectif.

Lame 5 : cette lame vous dévoile votre potentiel à développer pour réaliser votre objectif.

Lame 6 : cette lame vous dévoile l'influence de votre entourage pour réaliser votre objectif.

Lame 7 : cette lame représente les choix et les occasions qui s'offrent à vous.

Lame 8 : cette lame représente le dénouement positif ou négatif qui influence votre réussite.

Lame 9 : cette lame représente votre futur. Elle vous donne la réponse à votre question.

MES TIRAGES

Date : 09/05 → 19h05 Heure :

Mes notes : ....

....

....

....

....

....

....

....

....

....

....

....

....

....

....

....

....

....

Date :   Heure :

Mes notes : ....

....

....

....

....

....

....

....

....

....

....

....

....

....

....

....

....

....

Date :   Heure :

Mes notes : ....

....

....

....

....

....

....

....

....

....

....

....

....

....

....

....

....

....

Date :   Heure :

Mes notes : ....

....

....

....

....

....

....

....

....

....

....

....

....

....

....

....

....

....

Date : Heure :

Mes notes : ....

....

....

....

....

....

....

....

....

....

....

....

....

....

....

....

....

....

Date :

Heure :

Mes notes : ....

....

....

....

....

....

....

....

....

....

....

....

....

....

....

....

....

....

Date :   Heure :

Mes notes : ....

....

....

....

....

....

....

....

....

....

....

....

....

....

....

....

....

....

Date : Heure :

Mes notes : ....

....

....

....

....

....

....

....

....

....

....

....

....

....

....

....

....

....

Date :   Heure :

Mes notes : ....

....

....

....

....

....

....

....

....

....

....

....

....

....

....

....

....

....

Date :

Heure :

Mes notes : ....

....

....

....

....

....

....

....

....

....

....

....

....

....

....

....

....

....